MIAO

Miao miao miao

Miao

Miao miao miao Miao miao miao

M. Meow

© Copyright 2020 by M. Miao

Miao

Miao miao miao miao miao miao miao miao miao miao miao.
Miao Miao.

Miao

Miao miao miao miao.

Miao miao miao, miao miao miao. Miao miao. Miao miao miao miao miao miao miao, miao miao miao.

Miao, miao miao miao miao miao, miao miao miao. Miao miao miao.

Miao miao miao miao - miao miao miao - miao miao miao. Miao miao miao miao: miao miao miao. Miao, miao, miao miao "Miao" miao "Miao-Miao". Miao miao miao. Miao: miao miao miao!

Miao miao miao, miao miao miao, miao "miao miao miao miao miao". Miao miao miao miao miao miao "Miao-Miao", miao miao, miao! Miao: "Miao! Miao miao miao, *miao* miao, miao miao!"

Miao miao miao miao miao.

Miao.

Miao Miao

Miao miao miao miao miao, miao miao miao miao miao. Miao miao miao, "Miao-Miao" miao.

Miao miao miao miao miao miao miao, miao miao, miao miao. Miao miao miao, miao (miao miao miao miao miao miao) miao miao, miao miao miao.

Miao-Miao miao miao: "Miao, miao miao!"

Miao: "Miao!"
Miao-Miao: "Miao, miao miao miao miao?"

Miao: "Miao miao miao, miao miao miao miao miao miao. Miao miao miao miao miao Miao-Miao!"

Miao-Miao: "Miao."

Miao miao miao, miao - miao miao miao - miao miao miao. Miao miao miao miao: miao, miao *miao*. Miao, miao, miao miao "Miao" miao "Miao-Miao". Miao miao miao.
Miao: miao miao miao!

Miao-Miao miao miao, miao miao, miao miao.

Miao miao Miao miao miao, miao miao, miao miao. Miao miao miao miao, miao, miao miao. Miao miao miao miao miao, miao miao - miao. Miao miao miao. Miao miao miao miao miao. Miao, miao miao "Miao-Miao" miao miao miao. Miao miao miao, miao miao miao.

Miao miao miao miao miao… miao! Miao, miao. Miao miao miao miao, miao miao miao - miao miao miao - miao miao miao.
MIAO!

Miao miao miao miao. Miao miao miao miao miao. Miao miao miao miao miao, miao miao miao miao - miao miao - miao miao miao.

Miao miao miao miao miao miao miao, miao miao miao.
Miao - miao miao - miao, miao miao! Miao miao miao Miao.

Miao miao miao miao, miao miao miao miao.
Miao miao miao miao miao miao miao. Miao miao miao, miao miao!

Miao miao miao "Miao-Miao"?

Miao… miao. Miao…

Miao Miao Miao

Miao miao miao. Miao miao miao miao miao miao miao, miao miao miao. Miao - miao miao - miao, miao miao! Miao miao miao Miao.

Miao miao miao miao, miao miao miao miao. miao. Miao-Miao miao miao: "Miao, miao miao!"

Miao: "Miao miao miao miao?!"
Miao-Miao: "Miao, miao miao miao M-I-A-O!"

Miao: "Miao miao miao, miao miao miao miao miao miao. Miao miao miao miao miao Miao-Miao!"

Miao-Miao: "Miao miao miao, Miao miao M-I-A-O!"

Miao miao miao, miao - miao miao miao - miao miao miao. Miao miao miao miao: miao, miao. Miao miao. Miao, miao, miao miao "Miao" miao "Miao-Miao". Miao miao miao. Miao miao miao, miao miao miao miao… miao miao miao. Miao miao miao miao miao: miao, miao miao. Miao, miao, miao miao "Miao" miao "Miao-Miao". Miao miao miao?

Miao miao miao!

Miao miao miao miao. Miao miao miao miao miao! Miao miao miao miao miao, miao miao miao miao - miao miao - miao miao miao.

Miao miao miao miao miao miao miao, miao miao miao.

Miao - miao miao - miao, miao miao! Miao miao miao Miao. Miao miao Miao. Miao miao miao miao - miao miao miao - miao miao miao. Miao miao miao miao: miao miao miao. Miao, miao, miao miao "Miao" miao "Miao-Miao". Miao miao miao. Miao: miao miao miao!

Miao-Miao: "Miao miao miao!"

Miao: "Mi…a…o…"

Miao-Miao: "Mi-a-o?"

Miao: "Miao."

Miao-Miao: "Miao miao miao miao. Miao miao, miao miao… miao! Miao miao?"

Miao: "Maio miao. Miao miao miao miao! Miao miao Miao miao miao miao!!!"

Miao-Miao; "Miao. Miao miao miao. Miao!"

Miao miao miao miao, miao miao miao miao… miao miao, miao miao miao.Miao *miao* miao, miao: miao miao miao. Miao miao miao. Miao miao miao miao miao m-i-a-o.

Miao. Miao miao. Miao, miao, miao miao "Miao" miao "Miao-Miao".

Miao miao miao. Miao miao miao, miao miao miao miao… miao miao miao. Miao miao miao miao miao: miao, miao miao. Miao, miao, miao miao "Miao" miao "Miao-Miao". Miao miao miao miao miao miao, Mmiao.

Miao miao miao, miao Mmiao?

Mmiao miao miao?

Miao miao miao. Miao miao miao. Miao miao miao, miao miao miao miao… miao miao miao.
Miao miao miao, miao, miao miao, - miao - miao miao miao. Miao miao miao miao: miao, miao. Miao miao. Miao, miao, miao miao "Miao" miao "Miao-Miao". Miao miao miao. Miao miao miao, miao miao miao miao… miao *miao* miao. Miao miao miao, miao - miao miao miao - miao miao miao. Miao miao miao miao: miao, miao. Miao miao. Miao, miao, miao miao "Miao" miao "Mmiao". Miao miao miao. Miao miao miao, miao miao miao miao, miao, miao miao miao Mmiao.

Miao miao miao. Miao miao miao, miao miao miao miao… miao miao miao. Miao miao miao Miao miao miao. Miao miao miao, miao miao miao miao… miao miao miao.

Miao-Miao miao miao Mmiao.

Miao Miao Miao Miao

Miao miao miao. Miao miao miao miao miao miao miao, miao miao miao.

Miao - miao miao - miao, miao miao! Miao miao miao Miao. Miao miao Miao. Miao miao miao miao - miao miao miao - miao miao miao. Miao miao miao miao: *miao* miao miao. Miao, miao, miao miao "Miao" miao "Mmiao".

Mmiao: "Miao-Miao, miao miao miao miao miao."

Miao-Miao: "Mi? Miao?"

Mmiao; "Miao!"

Miao-Miao: "Miao miao miao, miao miao, miao! Miao, miao miao, miao, miao miao Mmiao."

Miao miao! Miao. Miao, miao, miao miao "Miao" miao "Miao-Miao". Miao miao miao. Miao miao miao, miao miao miao miao… miao miao miao. Miao miao miao, miao - miao miao miao - miao miao miao. Miao miao miao miao: miao, miao. Miao, miao, miao miao "Miao" miao "Miao-Miao". Miao miao miao. Miao miao miao, miao miao miao miao… miao miao miao. Miao miao miao, miao - miao miao miao - miao miao miao. Miao miao miao miao: miao, miao. Miao

miao. Miao, miao, miao miao "Miao" miao "Mmiao". Miao miao miao. Miao miao miao, miao miao miao miao, miao, miao miao miao Mmiao. *Miao* miao. Miao, miao, miao miao "Miao" miao "Mmiao". Miao miao miao. Miao miao miao, miao miao miao miao, miao, miao miao miao Mmiao.

Miao: "Miao-Miao miao miao Mmiao?

Mmiao "Miao-Miao miao."

Miao: "Miao-Miao miao miao miao miao…miao. Miao miao miao."

Mmiao: "Miao!"

Miao, miao, miao miao "Miao" miao "Miao-Miao". Miao miao miao. Miao miao miao, miao miao miao miao… miao miao miao. Miao miao miao, miao - miao miao miao - miao miao miao.
Miao miao miao, miao miao, miao-miao?

Mmiao "Miao miao miao."

Miao: "Miao miao miao miao miao…miao. Miao miao miao."

Mmiao: "Miao! MI-AO! M-I-A-O!"

Miao-Miao: "MIAO!"

Mmiao: "Miao?!"

Miao-Miao: "Miao!!! Miao miao miao, miao miao miao miao… miao miao miao. Mmia miao miao!!

Mmiao: "Miao Miao-Miao!" Miao. Miao miao miao, miao miao miao miao… miao miao miao!"

Miao miao miao miao miao… miao! Miao, miao. Miao miao miao miao, miao miao miao - miao miao miao - miao miao miao.
MIAO! Miao miao miao miao miao… miao! Miao, miao. Miao miao miao miao, miao miao miao - miao miao miao - miao miao miao.

Miao miao miao miao. Miao miao miao miao miao. Miao miao miao miao miao, miao miao miao miao miao - miao miao - miao miao miao. Miao miao miao miao miao miao miao, miao miao miao. Mmiao, Miao-Miao miao, miao miao! Miao miao miao Miao.

Miao miao miao miao. Miao miao miao miao miao. Miao miao miao miao miao, miao miao miao miao - miao miao - miao miao miao.

Miao miao miao miao miao miao, miao miao miao.Miao miao miao miao Miao, miao. Miao miao miao miao, miao miao miao - miao miao miao - miao miao miao.

Miao miao miao miao. Miao miao miao miao miao. Miao miao miao miao miao, miao miao miao miao - miao miao - miao miao miao.

Miao miao miao miao miao miao miao, miao miao miao.
Miao - miao miao - miao, miao miao! Miao miao miao Miao. Miao miao miao. Miao miao miao. Miao miao miao, miao miao miao miao… miao miao miao.

Miao miao miao, miao, miao miao, - miao - miao miao miao. Miao miao miao miao: miao, miao. Miao miao. Miao, miao, miao miao "Miao" miao "Miao-Miao". Miao miao miao. Miao miao miao, miao miao miao miao… miao miao miao. Miao miao miao, miao - miao miao miao - miao miao miao. Miao miao miao miao: miao, miao. Miao miao. Miao, miao, miao miao "Miao" miao "Mmiao". Miao miao miao. Miao miao miao, miao miao miao miao, miao, miao miao miao Mmiao. Miao miao miao. Miao miao miao. Miao miao miao, miao miao miao miao… miao miao miao.

Miao miao miao, miao, miao miao, - miao - miao miao miao. Miao miao miao miao: miao, miao. Miao miao. Miao, miao, miao miao "Miao" miao "Miao-Miao". Miao!

Miao: "Miao. Miao miao miao, miao miao miao miao… miao miao miao. Miao miao miao, miao."

Miao-Miao: "Mmiao… miao miao miao. Miao miao miao. Miao miao miao miao: miao, miao. Miao miao. Miao, miao, miao miao Miao miao Mmiao. Miao miao miao. Miao miao miao, miao miao miao miao, miao, miao miao miao Mmiao."

Miao miao miao. Miao miao miao. Miao miao miao, miao miao miao miao… miao miao miao.

Miao miao miao, miao, miao miao, - miao - miao miao miao. Miao miao miao miao: miao, miao. Miao miao. Miao, miao, miao miao "Miao" miao "Miao-Miao". Miao miao miao. Miao miao miao, miao

miao miao miao… miao miao miao. Miao miao miao, miao - miao miao miao - miao miao miao. Miao miao miao miao: miao, miao. Miao miao. Miao, miao, miao miao "Miao" miao "Mmiao". Miao miao miao. Miao miao miao, miao miao miao miao, miao, miao miao miao Mmiao.

Miao - miao miao - miao, miao miao! Miao miao miao Miao.

Miao miao miao Mmiao. Miaaao.

Miao Miao Miao Miao Miao

Miao miao miao. Miao, miao, miao miao "Miao" miao "Miao-Miao". Miao miao miao. Miao miao miao, miao miao miao miao… miao miao miao. Miao miao miao, miao - miao miao miao - miao miao miao. Miao miao miao miao: miao, miao. Miao miao. Miao, miao, miao miao "Miao" miao "Mmiao". Miao miao miao. Miao miao miao, miao miao miao miao, miao, miao miao miao Mmiao. Miao miao miao. Miao miao miao. Miao miao miao, miao miao miao miao… miao miao miao.

Miao miao miao, miao, miao miao, - miao - miao miao miao. Miao miao miao miao: miao, miao. Miao miao. Miao, miao, miao miao "Miao" miao "Miao-Miao". Miao!

Miao: "Miao. Miao miao miao, miao miao miao miao… miao miao miao. Miao miao miao, miao." Miao miao.

Miao-Miao: "Miao miao miao!"

Miao: "Mi…a…o…"

Miao-Miao: "Mi a o?"

Miao-Miao miao miao: "Miao, miao miao!"

Miao: "Miao!"

Miao-Miao: "Miao, miao miao miao miao?"

Miao: "Miao miao miao, miao miao miao miao miao miao. Miao miao miao miao miao Miao-Miao!"

Miao-Miao: "Miao."

Miao - miao miao - miao, miao miao! Miao miao miao Miao miao miao miao miao miao "Miao-Miao", miao miao, miao! Miao: "Miao! Miao miao miao, miao miao, miao miao!"

Miao miao Miao miao miao, miao miao, miao miao. Miao miao miao miao, miao, miao miao. Miao miao miao miao miao, miao miao - miao. Miao miao miao. Miao miao miao miao miao. Miao, miao miao "Miao-Miao" miao miao miao. Miao miao miao, miao miao miao.

Miao.

Mmia: "Miao miao!"

Miao-Miao: "Miao miao miao!"

Miao: "Mi…a…o…"

Miao-Miao: "Mi-a-o?"

Miao: "Miao."

Miao-Miao: "Miao miao miao miao. Miao miao, miao miao… miao! Miao miao?"

Miao: "Maio miao. Miao miao miao miao! Miao miao Miao miao miao miao!!!"

Miao-Miao; "Miao. Miao miao miao. Miao!"

Miao miao miao. Miao miao miao. Miao miao miao, miao miao miao miao… miao miao miao.

Miao miao miao, miao, miao miao, - miao - miao miao miao. Miao miao miao miao: miao, miao. Miao miao. Miao, miao, miao miao "Miao" miao "Miao-Miao". Miao miao miao. Miao miao miao. Miao miao miao. Miao miao miao, miao miao miao miao… miao miao miao.

Miao miao miao, miao, miao miao, - miao - miao miao miao. Miao miao miao miao: miao, miao. Miao miao. Miao, miao, miao miao "Miao" miao "Miao-Miao". Miao miao miao. Miao miao miao, miao miao miao miao… miao miao miao. Miao miao miao, miao - miao miao miao - miao miao miao. Miao miao miao miao: miao, miao. Miao miao. Miao, miao, miao miao "Miao" miao "Mmiao". Miao miao miao. Miao miao miao, miao miao miao miao, miao, miao miao miao Mmiao.

Miao miao miao. Miao miao miao, miao miao miao miao… miao miao miao. Miao miao miao Miao miao miao. Miao miao miao, miao miao miao miao… miao miao miao. Miao miao miao, miao miao miao miao… miao miao miao. Miao miao miao, miao - miao miao miao - miao miao miao. Miao miao miao miao: miao, miao. Miao miao.

Miao, miao, miao miao "Miao" miao "Mmiao". Miao miao miao. Miao miao miao, miao miao miao miao, miao, miao miao miao. Miao MIAO!!!

Miao miao miao. Miao miao miao, miao miao miao miao… miao miao miao. Miao miao miao Miao miao miao. Miao miao miao, miao… miao miao miao… miao miao miao. Miao miao miao miao miao miao miao, miao miao, miao miao. Miao miao miao, miao (miao miao miao miao miao miao) miao miao.

Miao miao miao. Miao miao miao, miao - miao miao miao - miao miao! Miao. Miao miao miao miao: miao, miao. Miao miao. Miao, miao, miao miao "Miao" miao "Miao-Miao". Miao miao miao. Miao mi-ao miao, miao miao miao miao… miao miao miao. Miao miao miao miao miao: miao, miao miao. Miao, miao, miao miao "Miao" miao "Miao-Miao". Miao miao miao?

Miao-Miao miao miao, miao.

Miao miao miao. Miao. Miao, miao miao. Miao miao miao, miao - miao miao miao - miao miao miao. Miao miao miao miao: miao, miao. Miao miao. Miao, miao, miao miao Miao miao miao. Miao miao miao, miao miao miao miao… miao miao miao. Miao miao miao, miao - miao miao miao - miao miao miao. Miao miao miao miao: miao, miao. Miao miao. Miao, miao, miao miao "Miao" "Miao" miao "Miao-Miao". Miao miao miao. Miao miao miao, miao miao miao miao… miao miao miao. Miao miao miao miao miao: miao, miao miao.

Mi-ao… miao miao miao. Mi-ao.
Miaaao.

Miao Miao Miao Miao Miao Miao

Miao miao miao.

Miao, mi-ao, miao miao "Miao" miao "Miaaao".

Miao miao miao. Miao miao miao, miao miao miao miao… miao miao miao. Miao miao miao, miao - miao miao miao - miao miao miao. Miao miao miao miao: miao, miao. Miao miao. Miao, miao, miao miao "Miao" Miao miao miao, miao - miao miao miao - miao miao miao. Miao miao miao miao: miao, miao. Miao miao. Miao, miao, miao miao "Miao" miao "Mmiao". Miao miao miao. Miao miao miao, miao miao miao miao, miao, miao miao miao Mmiao. miao.

Miaaao, miao, Mmiao.

Miao-Miao! Miao-Miao; "Miao. Miao miao miao. Miao!"

Miao miao miao. Miao miao miao. Miao miao miao, miao miao miao miao… miao miao miao.

Miao miao miao, miao, miao miao, - miao - miao miao miao. Miao miao miao miao: miao, miao. Miao miao. Miao, miao, miao miao "Miao" miao "Miao-Miao". Miao miao miao. Miao miao miao. Miao miao miao. Miao miao miao, miao miao miao miao… miao miao miao.

Miao miao! Miao. Miao, miao, miao miao "Miao" miao "Miao-Miao". Miao miao miao. Miao miao miao, miao miao miao miao… miao miao miao. Miao miao miao, miao - miao miao miao - miao miao miao. Miao miao miao miao: miao, miao. Miao, miao, miao miao "Miao" miao "Miao-Miao". Miao miao miao. Miao miao miao, miao miao miao miao… miao miao miao. Miao miao miao, miao - miao miao miao - miao miao miao. Miao miao miao. Miao miao miao, miao miao miao miao… miao miao miao. Miao miao miao Miao miao miao. Miao miao miao, miao… miao miao miao… miao miao miao. Miao miao miao miao miao miao miao, miao miao, miao miao. Miao miao miao, miao (miao miao miao miao miao miao) miao miao.
Miao miao miao. Miao miao miao, miao - miao miao miao - miao miao! Miao. Miao miao miao miao: miao, miao. Miao miao. Miao, miao, miao miao "Miao" miao "Miao-Miao"…

Miao miao miao. Miao mi-ao miao, miao miao miao miao… miao miao miao. Miao miao miao miao miao: miao, miao miao. Miao, miao, miao miao "Mmiao" miao "Miao-Miao". Miao miao miao?! Miao miao miao miao: miao, miao. Miao miao.

Miao miao Miao miao miao, miao miao, miao miao. Miao miao miao miao, miao, miao miao. Miao miao miao miao miao, miao miao - miao. Miao miao miao. Miao miao miao!

Miao miao. Miao, miao miao "Miao-Miao" miao miao miao. Miao miao miao, miao miao miao.

Miao, miao, miao miao "Miao" miao "Mmiao". Miao miao miao. Miao miao miao, miao miao miao miao, miao, miao miao miao Mmiao. Miao miao. Miao, miao, miao miao "Miao" miao "Mmiao". Miao miao miao. Miao miao miao, miao miao miao miao, miao, miao miao miao Mmiao.

Miao: "Miao-Miao miao miao Mmiao?

Mmiao "Miao-Miao miao."

Miao: "Miao-Miao miao miao miao miao…miao. Miao miao miao."

Mmiao: "Miao!"

Mmia: "Miao miao!"

Miao-Miao: "Miao miao miao!"

Miao: "Mi…a…o…"

Miao-Miao: "Mi-a-o?"

Miao: "Miao."

Miao-Miao: "Miao miao miao miao. Miao miao, miao miao… miao! Miao miao?"

Miao: "Maio miao. Miao miao miao miao! Miao miao Miao miao miao miao!!!"

Miao-Miao; "Miao. Miao miao miao. Miao!"

Mmiao "Miao miao miao."

Miao: "Miao miao miao miao miao…miao. Miao miao miao."

Mmiao: "Miao! MI-AO! M-I-A-O!"

Miao-Miao: "MIAO!"

Mmiao: "Miao?!"

Miao-Miao: "Miao!!! Miao miao miao, miao miao miao miao… miao miao miao. Mmia miao miao!!

Miao miao miao. Miao miao miao, miao miao miao miao… miao miao miao. Miao miao miao Miao miao miao. Miao miao miao, miao… miao miao miao… miao miao miao. Miao miao miao miao miao miao miao, miao miao, *miao* miao. Miao miao miao, miao (miao miao miao miao miao miao) miao miao.
Miao miao miao. Miao miao miao, miao - miao miao miao - miao miao! Miao. Miao miao miao miao: miao, miao. Miao miao. Miao, miao, miao miao "Miao" miao "Miao-Miao". Miao miao miao. Miao mi-ao miao, miao miao miao miao… miao miao miao. Miao miao miao miao miao: miao, miao miao. Miao, miao, miao miao "Miao" miao "Miao-Miao". Miao miao miao?

Miao-Miao. Miao miao, miao miao miao. Miao.

Miao Miao Miao Miao Miao Miao Miao

Miao miao miao, miao…

Miao miao miao. Miao miao miao, miao miao miao miao… miao miao miao. Miao miao miao Miao miao miao. Miao miao miao, miao… miao miao miao… miao miao miao. Miao miao miao miao miao miao miao, miao *miao*, miao miao. Miao miao miao, miao (miao miao miao, miao miao miao) miao miao.

Miao miao miao. Miao miao miao, miao - miao miao miao - miao miao! Miao. Miao miao miao miao: miao, miao. Miao miao. Miao, miao, miao miao "Miao" miao.

Miao, mi-ao, miao miao "Miao" miao "Miaaao".

Miao miao miao. Miao miao miao, miao miao Miao miao miao miao miao… miao! Miao, miao. Miao miao miao miao, miao miao miao - miao miao miao - miao miao miao.

MIAO! Miao miao miao miao miao… miao! Miao, miao. Miao miao miao miao, miao miao miao - miao miao miao - miao miao miao.

Miao miao miao miao. Miao miao miao miao miao. Miao miao miao miao miao, miao miao miao miao miao - miao miao - miao miao miao. Miao miao miao miao miao miao miao, miao miao miao. Mmiao, Miao-Miao miao, miao miao! Miao miao miao Miao.

Miao miao miao miao. Miao miao miao miao miao. Miao miao miao miao miao, miao miao miao miao - miao miao - miao miao miao.

Miao miao miao. Miao miao miao, miao miao miao miao… miao miao miao. Miao miao miao Miao miao miao. Miao miao miao, miao… miao miao miao… miao miao miao. Miao miao miao miao miao miao miao.

Miao miao, *miao* miao. Miao miao miao, miao (miao miao miao miao miao miao) miao miao.

Miao miao miao. Miao miao miao, miao - miao miao miao - miao miao! Miao. Miao miao miao miao: miao, miao. Miao miao. Miao, miao, miao miao "Miao" miao "Miao-Miao". Miao miao miao. Miao mi-ao miao, miao miao miao miao… miao miao miao. Miao miao miao miao miao: miao, *miao* miao. Miao, miao, miao miao "Miao" miao "Miao-Miao". Miao miao miao?

Miao-Miao miao miao, miao. Miao miao miao miao. Miao miao miao miao miao. Miao miao miao miao miao, miao miao miao miao miao - miao miao - miao miao miao. Miao miao miao miao miao miao miao, miao miao miao. Mmiao, Miao-Miao miao, miao miao! Miao miao miao Miao.

Miao miao miao miao. Miao miao miao miao miao. Miao miao miao miao miao, miao miao miao miao - miao miao - miao miao miao.

Miao miao miao miao miao miao, miao miao miao.Miao miao miao miao Miao, miao. Miao miao miao miao, miao miao miao - miao miao miao - miao miao miao.

Miao miao miao miao. Miao miao miao miao miao. Miao miao miao miao miao, miao miao miao miao - miao miao - miao miao miao.

Miao miao miao miao miao miao miao, miao miao miao.
Miao - miao miao - miao, miao miao! Miao miao miao Miao. Miao miao miao. Miao miao miao. Miao miao miao, miao miao miao miao… miao miao miao. Miao miao! Miao. Miao, miao, miao miao "Miao" miao "Miao-Miao". Miao miao miao. Miao miao miao, miao miao miao miao… miao miao miao. Miao miao miao, miao - miao miao miao - miao miao miao. Miao miao miao miao: miao, miao. Miao, miao, miao miao "Miao" miao.

"Miao-Miao". Miao miao miao. Miao miao miao, miao miao miao miao… miao miao miao. Miao miao miao, miao - miao miao miao - miao miao miao. Miao miao miao. Miao miao miao, miao miao miao miao… miao miao miao. Miao miao miao Miao miao miao.

Miao miao miao, miao… miao miao miao… miao miao miao. Miao miao miao miao miao miao miao, miao miao, miao miao. Miao miao

miao, miao (miao miao miao miao miao miao) miao miao.
Miao miao miao. Miao miao miao, miao - miao miao miao - miao miao! Miao. Miao miao miao miao: miao, miao. Miao miao. Miao, miao, miao miao "Miao" miao "Miao-Miao"…

Miao miao miao. Miao, miao, miao miao "Miao" miao "Miao-Miao". Miao miao miao. Miao miao miao, miao miao miao miao… miao miao miao. Miao miao miao, miao - miao miao miao - miao miao miao. Miao miao miao miao: miao, miao. Miao miao. Miao, miao, miao miao "Miao" miao "Mmiao". Miao miao miao. Miao miao miao, miao miao miao miao, miao, miao miao miao Mmiao. Miao miao miao. Miao miao miao. Miao miao miao, miao miao miao miao… miao miao miao.
Miao miao miao, miao, miao miao, - miao - miao miao miao. Miao miao miao miao: miao, miao. Miao miao. Miao, miao, miao miao "Miao" miao "Miao-Miao". Miao!
Miao: "Miao. Miao miao miao, miao miao miao miao… miao miao miao. Miao miao miao, miao." Miao miao. Miao-Miao: "Miao miao miao!"

Miao: "Mi…a…o…"

Miao-Miao: "Mi a o?"

Miao-Miao miao miao: "Miao, miao miao!"

Miao: "Miao!"

Miao-Miao: "Miao, miao miao miao miao?"

Miao: "Miao miao miao, miao miao miao miao miao miao. Miao miao miao miao miao Miao-Miao!"

Miao-Miao: "Miao."

Miao - miao miao - miao, miao miao! Miao miao miao Miao miao miao miao miao miao "Miao-Miao", miao miao, miao! Miao: "Miao! Miao miao miao, miao miao, miao miao!"

Miao miao Miao miao miao, miao miao, miao miao. Miao miao miao miao, miao, miao miao. Miao miao miao miao miao, miao miao - miao. Miao miao miao. Miao miao miao miao miao. Miao, miao miao "Miao-Miao" miao miao miao. Miao miao miao, miao miao miao.

Miao.

Mmia: "Miao miao!"

Miao-Miao: "Miao miao miao!"

Miao: "Mi…a…o…"

Miao-Miao: "Mi-a-o?"

Miao: "Miao."

Miao-Miao: "Miao miao miao miao. Miao miao, miao miao… miao! Miao miao?"

Miao: "Maio miao. Miao miao miao miao! Miao miao Miao miao miao miao!!!"

Miao-Miao; "Miao. Miao miao miao. Miao!"

Miao miao miao. Miao miao miao. Miao miao miao, miao miao miao miao… miao miao miao.

Miao miao miao, miao, miao miao, - miao - miao miao miao. Miao miao miao miao: miao, miao. Miao miao. Miao, miao, miao miao "Miao" miao "Miao-Miao". Miao miao miao. Miao miao miao. Miao miao miao. Miao miao miao, miao miao miao miao… miao miao miao.

Miao miao miao, miao, miao miao, - miao - miao miao miao. Miao miao miao miao: miao, miao. Miao miao. Miao, miao, miao miao "Miao" miao "Miao-Miao". Miao miao miao. Miao miao miao, miao miao miao miao… miao miao miao. Miao miao miao, miao - miao miao miao - miao miao miao. Miao miao miao miao: miao, miao. Miao miao. Miao, miao, miao miao "Miao" miao "Mmiao". Miao miao miao. Miao miao miao, miao miao miao miao, miao, miao miao miao Mmiao.

Miao miao miao. Miao miao miao, miao miao miao miao… miao miao miao. Miao miao miao Miao miao miao. Miao miao miao, miao miao miao miao… miao miao miao. Miao miao miao, miao miao miao miao… miao miao miao. Miao miao miao, miao - miao miao miao - miao miao miao. Miao miao miao miao: miao, miao. Miao miao.

Miao, miao, miao miao "Miao" miao "Mmiao". Miao miao miao. Miao miao miao, miao miao miao miao, miao, miao miao miao. Miao MIAO!!!

Miao miao miao. Miao miao miao, miao miao miao miao… miao miao miao. Miao miao miao Miao miao miao. Miao miao miao, miao… miao miao miao… miao miao miao. Miao miao miao miao miao miao miao, miao miao, miao miao. Miao miao miao, miao (miao miao miao miao miao miao) miao miao.

Miao miao miao. Miao miao miao, miao - miao miao miao - miao miao! Miao. Miao miao miao miao: miao, miao. Miao miao. Miao, miao, miao miao "Miao" miao "Miao-Miao". Miao miao miao. Miao mi-ao miao, miao miao miao miao… miao miao miao. Miao miao miao miao miao: miao, miao miao. Miao, miao, miao miao "Miao" miao "Miao-Miao". Miao miao miao?

Miao-Miao miao miao, miao.

Miao miao miao. Miao. Miao, miao miao. Miao miao miao, miao - miao miao miao - miao miao miao. Miao miao miao miao: miao, miao. Miao miao. Miao, miao, miao miao Miao miao miao. Miao miao miao, miao miao miao miao… miao miao miao. Miao miao miao, miao - miao miao miao - miao miao miao. Miao miao miao miao: miao, miao. Miao miao. Miao, miao, miao miao "Miao" "Miao" miao "Miao-Miao". Miao miao miao. Miao miao miao, miao miao miao miao… miao miao miao. Miao miao miao miao miao: miao, miao miao.

Mi-ao… miao miao miao. Mi-ao.
Miaaao.

Miao Miao Miao Miao Miao Miao Miao Miao

Miao miao miao miao miao, miao miao miao miao miao. Miao miao miao, "Miao-Miao" miao.

Miao miao miao miao miao miao miao, miao miao, miao miao. Miao miao miao, miao (miao miao miao miao miao miao) miao miao, miao miao miao.

Miao-Miao miao miao: "Miao, miao miao!"

Miao: "Miao!"
Miao-Miao: "Miao, miao miao miao miao?"

Miao: "Miao miao miao, miao miao miao miao miao miao. Miao miao miao miao miao Miao-Miao!"

Miao-Miao: "Miao."

Miao miao miao, miao - miao miao miao - miao miao miao. Miao miao miao miao: miao, miao *miao*. Miao, miao, miao miao "Miao" miao "Miao-Miao". Miao miao miao.
Miao: miao miao miao!

Miao-Miao miao miao, miao miao, miao miao.

Miao miao Miao miao miao, miao miao, miao miao. Miao miao miao miao, miao, miao miao. Miao miao miao miao miao, miao miao - miao. Miao miao miao. Miao miao miao miao miao. Miao, miao miao "Miao-Miao" miao miao miao. Miao miao miao, miao miao miao.

Miao miao miao miao miao… miao! Miao, miao. Miao miao miao miao, miao miao miao - miao miao miao - miao miao miao.
MIAO!

Miao miao miao miao. Miao miao miao miao miao. Miao miao miao miao miao, miao miao miao miao - miao miao - miao miao miao.

Miao miao miao miao miao miao miao, miao miao miao.
Miao - miao miao - miao, miao miao! Miao miao miao Miao.

Miao miao miao miao, miao miao miao miao.
Miao miao miao miao miao miao miao. Miao miao miao, miao miao!

Miao miao miao "Miao-Miao"?

Miao… miao. Miao…

Miao, miao, miao miao "Miao" miao "Miao-Miao". Miao miao miao. Miao miao miao, miao miao miao miao… miao miao miao. Miao miao miao, miao - miao miao miao - miao miao miao.
Miao miao miao, miao miao, miao-miao?

Mmiao "Miao miao miao."

Miao: "Miao miao miao miao miao…miao. Miao miao miao."

Mmiao: "Miao! MI-AO! M-I-A-O!"

Miao-Miao: "MIAO!"

Mmiao: "Miao?!"

Miao-Miao: "Miao!!! Miao miao miao, miao miao miao miao… miao miao miao. Mmia miao miao!!

Mmiao: "Miao Miao-Miao!" Miao. Miao miao miao, miao miao miao miao… miao miao miao!"

Miao miao miao miao miao… miao! Miao, miao. Miao miao miao miao, miao miao miao - miao miao miao - miao miao miao.
MIAO! Miao miao miao miao miao… miao! Miao, miao. Miao miao miao miao, miao miao miao - miao miao miao - miao miao miao.

Miao miao miao miao. Miao miao miao miao miao. Miao miao miao miao miao, miao miao miao miao miao - miao miao - miao miao miao. Miao miao miao miao miao miao miao, miao miao miao. Mmiao, Miao-Miao miao, miao miao! Miao miao miao Miao.

Miao miao miao miao. Miao miao miao miao miao. Miao miao miao miao miao, miao miao miao miao - miao miao - miao miao miao.

Miao miao miao miao miao miao, miao miao miao.Miao miao miao miao Miao, miao. Miao miao miao miao, miao miao miao - miao miao miao - miao miao miao.

Miao, mi-ao, miao miao "Miao" miao "Miaaao".

Miao miao miao. Miao miao miao, miao miao Miao miao miao miao miao… miao! Miao, miao. Miao miao miao miao, miao miao miao - miao miao miao - miao miao miao.

MIAO! Miao miao miao miao miao… miao! Miao, miao. Miao miao miao miao, miao miao miao - miao miao miao - miao miao miao.

Miao miao miao miao. Miao miao miao miao miao. Miao miao miao miao miao, miao miao miao miao miao - miao miao - miao miao miao. Miao miao miao miao miao miao miao, miao miao miao. Mmiao, Miao-Miao miao, miao miao! Miao miao miao Miao.

Miao miao miao miao. Miao miao miao miao miao. Miao miao miao miao miao, miao miao miao miao - miao miao - miao miao miao.

Miao miao miao. Miao miao miao, miao miao miao miao… miao miao miao. Miao miao miao Miao miao miao. Miao miao miao, miao… miao miao miao… miao miao miao. Miao miao miao miao miao miao miao.

Miao miao, *miao* miao. Miao miao miao, miao (miao miao miao miao miao miao) miao miao.

Miao miao miao. Miao miao miao, miao - miao miao miao - miao miao! Miao. Miao miao miao miao: miao, miao. Miao miao. Miao, miao, miao miao "Miao" miao "Miao-Miao". Miao miao miao. Miao mi-ao miao, miao miao miao miao… miao miao miao. Miao miao

miao miao miao: miao, *miao* miao. Miao, miao, miao miao "Miao" miao "Miao-Miao". Miao miao miao?

Miao-Miao miao miao, miao. Miao miao miao miao. Miao miao miao miao miao. Miao miao miao miao miao, miao miao miao miao miao - miao miao - miao miao miao. Miao miao miao miao miao miao miao, miao miao miao. Mmiao, Miao-Miao miao, miao miao! Miao miao miao Miao.

Miao mi-ao, miao miao "Miao" miao "Miaaao".

Miao miao miao. Miao miao miao, miao miao miao miao… miao miao miao. Miao miao miao, miao - miao miao miao - miao miao miao. Miao miao miao miao: miao, miao. Miao miao. Miao, miao, miao miao "Miao" Miao miao miao, miao - miao miao miao - miao miao miao. Miao miao miao miao: miao, miao. Miao miao. Miao, miao, miao miao "Miao" miao "Mmiao". Miao miao miao. Miao miao miao, miao miao miao miao, miao, miao miao miao Mmiao. miao. Miao miao miao. Miao miao miao, miao miao miao miao, miao, miao miao miao Mmiao. miao. Miao… Miaaao! miao miao miao… miao miao miao. Miao miao miao, miao - miao miao miao - miao miao miao. Miao miao miao miao: miao, miao. Miao miao. Miao, miao, miao miao "Miao" miao "Mmiao". Miao miao miao. Miao miao miao, miao miao miao miao, miao, miao miao miao. Miao MIAO!!!

Miao miao miao. Miao miao miao, miao miao miao miao… miao miao miao. Miao miao miao Miao miao miao. Miao miao miao, miao…

miao miao miao… miao miao miao. Miao miao miao miao miao miao miao, miao miao, miao miao. Miao miao miao, miao (miao miao miao miao miao miao) miao miao.

Miao miao miao. Miao miao miao, miao - miao miao miao - miao miao! Miao. Miao miao miao miao: miao, miao. Miao miao. Miao, miao, miao miao "Miao" miao "Miao-Miao". Miao miao miao. Miao mi-ao miao, miao miao miao miao… miao miao miao. Miao miao miao miao miao: miao, miao miao. Miao, miao, miao miao "Miao" miao "Miao-Miao". Miao miao miao?

Miao-Miao miao miao, miao.

Miao miao miao. Miao. Miao, miao miao. Miao miao miao, miao - miao miao miao - miao miao miao. Miao miao miao miao: miao, miao. Miao miao. Miao, miao, miao miao Miao miao miao. Miao miao miao, miao miao miao miao… miao miao miao. Miao miao miao, miao - miao miao miao - miao miao miao. Miao miao miao miao: miao, miao. Miao miao. Miao, miao, miao miao "Miao" "Miao" miao "Miao-Miao". Miao miao miao. Miao miao miao, miao miao miao miao… miao miao miao. Miao miao miao miao miao: miao, miao miao. Miao, mi-ao, miao miao "Miao" miao "Miaaao".

Miao miao miao. Miao miao miao, miao miao miao miao… miao miao miao. Miao miao miao, miao - miao miao miao - miao miao miao. Miao miao miao miao: miao, miao. Miao miao. Miao, miao, miao miao "Miao" Miao miao miao, miao - miao miao miao - miao miao

miao. Miao miao miao miao: miao, miao. Miao miao. Miao, miao, miao miao "Miao" miao "Mmiao". Miao miao miao. Miao miao miao, miao miao miao miao, miao, miao miao miao Mmiao. miao.

Miaaao, miao, Mmiao.

Miao-Miao! Miao-Miao; "Miao. Miao miao miao. Miao!"

Miao miao miao. Miao miao miao. Miao miao miao, miao miao miao miao… miao miao miao.

Miao miao miao, miao, miao miao, - miao - miao miao miao. Miao miao miao miao: miao, miao. Miao miao. Miao, miao, miao miao "Miao" miao "Miao-Miao". Miao miao miao. Miao miao miao. Miao miao miao. Miao miao miao, miao miao miao miao… miao miao miao.

Miao miao! Miao. Miao, miao, miao miao "Miao" miao "Miao-Miao". Miao miao miao. Miao miao miao, miao miao miao miao… miao miao miao. Miao miao miao.

Mmiao - miao miao miao - miao miao miao. Miao miao miao miao: miao, miao. Miao, miao, miao miao "Miao" miao "Miao-Miao". Miao miao miao. Miao miao miao, miao miao miao miao… miao miao miao. Miao miao miao, miao - miao miao miao - miao miao miao. Miao miao miao. Miao miao miao, miao miao miao miao… miao miao miao. Miao miao miao Miao miao miao. Miao miao miao, miao… miao miao miao… miao miao miao. Miao miao miao miao miao miao

miao, miao miao, miao miao. Miao miao miao, miao (miao miao miao miao miao miao) miao miao.

Miao miao miao. Miao miao miao, miao - miao miao miao - miao miao! Miao. Miao miao miao miao: miao, miao. Miao miao. Miao, miao, miao miao "Miao" miao "Miao-Miao"…

Miao miao miao. Miao mi-ao miao, miao miao miao miao… miao miao miao. Miao miao miao miao miao: miao, miao miao. Miao, miao, miao miao "Mmiao" miao "Miao-Miao". Miao miao miao?! Miao miao miao miao: miao, miao. Miao miao.

Miao miao Miao miao miao, miao miao, miao miao. Miao miao miao miao, miao, miao miao. Miao miao miao miao miao, miao miao - miao. Miao miao miao. Miao miao miao!

Miao miao. Miao, miao miao "Miao-Miao" miao miao miao. Miao miao miao, miao miao miao.

Miao, miao, miao miao "Miao" miao "Mmiao". Miao miao miao. Miao miao miao, miao miao miao miao, miao, miao miao miao Mmiao. Miao miao. Miao, miao, miao miao "Miao" miao "Mmiao". Miao miao miao. Miao miao miao, miao miao miao miao, miao, miao miao miao Mmiao.

Miao: "Miao-Miao miao miao Mmiao?

Mmiao "Miao-Miao miao."

Miao: "Miao-Miao miao miao miao miao…miao. Miao miao miao."

Mmiao: "Miao!"

Mmia: "Miao miao!"

Miao-Miao: "Miao miao miao!"

Miao: "Mi…a…o…"

Miao-Miao: "Mi-a-o?"

Miao: "Miao."

Miao-Miao: "Miao miao miao miao. Miao miao, miao miao… miao! Miao miao?"

Miao: "Maio miao. Miao miao miao miao! Miao miao Miao miao miao miao!!!"

Miao-Miao; "Miao. Miao miao miao. Miao!"

Mmiao "Miao miao miao."

Miao: "Miao miao miao miao miao…miao. Miao miao miao."

Mmiao: "Miao! MI-AO! M-I-A-O!"

Miao-Miao: "MIAO!"

Mmiao: "Miao?!"

Miao-Miao: "Miao!!! Miao miao miao, miao miao miao miao… miao miao miao. Mmia miao miao!!

Miao miao miao. Miao miao miao, miao miao miao miao... miao miao miao. Miao miao miao Miao miao miao. Miao miao miao, miao... miao miao miao... miao miao miao. Miao miao miao miao miao miao miao, miao miao, *miao* miao. Miao miao miao, miao (miao miao miao miao miao miao) miao miao.

Miao miao miao. Miao miao miao, miao - miao miao miao - miao miao! Miao. Miao miao miao miao: miao, miao. Miao miao. Miao, miao, miao miao "Miao" miao "Miao-Miao". Miao miao miao. Miao mi-ao miao, miao miao miao miao... miao miao miao. Miao miao miao miao miao: miao, miao miao. Miao, miao, miao miao "Miao" miao "Miao-Miao". Miao miao miao?

Miao miao miao. Miao miao miao, miao - miao miao miao - miao miao! Miao. Miao miao miao miao: miao, miao. Miao miao. Miao, miao, miao miao "Miao" miao.

Miao, mi-ao, miao miao "Miao" miao "Miaaao".

Miao miao miao. Miao miao miao, miao miao Miao miao miao miao miao... miao! Miao, miao. Miao miao miao miao, miao miao miao - miao miao miao - miao miao miao.

MIAO! Miao miao miao miao miao... miao! Miao, miao. Miao miao miao miao, miao miao miao - miao miao miao - miao miao miao.

Miao miao miao miao. Miao miao miao miao miao. Miao miao miao miao miao, miao miao miao miao miao - miao miao - miao miao miao.

Miao miao miao miao miao miao miao, miao miao miao. Mmiao, Miao-Miao miao, miao miao! Miao miao miao Miao.

Miao miao miao miao. Miao miao miao miao miao. Miao miao miao miao miao, miao miao miao miao - miao miao - miao miao miao.

Miao miao miao. Miao miao miao, miao miao miao miao… miao miao miao. Miao miao miao Miao miao miao. Miao miao miao, miao… miao miao miao… miao miao miao. Miao miao miao miao miao miao miao.

Miao miao, *miao* miao. Miao miao miao, miao (miao miao miao miao miao miao) miao miao.

Miao miao miao. Miao miao miao, miao - miao miao miao - miao miao! Miao. Miao miao miao miao: miao, miao. Miao miao. Miao, miao, miao miao "Miao" miao "Miao-Miao". Miao miao miao. Miao mi-ao miao, miao miao miao miao… miao miao miao. Miao miao miao miao miao: miao, *miao* miao. Miao, miao, miao miao "Miao" miao "Miao-Miao". Miao miao miao?

Miao-Miao miao miao, miao. Miao miao miao miao. Miao miao miao miao miao. Miao miao miao miao miao, miao miao miao miao miao - miao miao - miao miao miao. Miao miao miao miao miao miao miao, miao miao miao. Mmiao, Miao-Miao miao, miao miao! Miao miao miao Miao.

Miao Miao Miao Miao Miao Miao Miao Miao Miao Miao

Miao miao miao. Miao, miao, miao miao "Miao" miao "Miao-Miao". Miao miao miao. Miao miao miao, miao miao miao miao… miao miao miao. Miao miao miao, miao - miao miao miao - miao miao miao. Miao miao miao miao: miao, miao. Miao miao. Miao, miao, miao miao "Miao" miao "Mmiao". Miao miao miao. Miao miao miao, miao miao miao miao, miao, miao miao miao Mmiao. Miao miao miao. Miao miao miao. Miao miao miao, miao miao miao miao… miao miao miao.

Miao miao miao, miao, miao miao, - miao - miao miao miao. Miao miao miao miao: miao, miao. Miao miao. Miao, miao, miao miao "Miao" miao "Miao-Miao". Miao!

Miao: "Miao. Miao miao miao, miao miao miao miao… miao miao miao. Miao miao miao, miao." Miao miao.

Miao-Miao: "Miao miao miao!"

Miao: "Mi…a…o…"

Miao-Miao: "Mi a o?"

Miao-Miao miao miao: "Miao, miao miao!"

Miao: "Miao!"

Miao-Miao: "Miao, miao miao miao miao?"

Miao: "Miao miao miao, miao miao miao miao miao miao. Miao miao miao miao miao Miao-Miao!"

Miao-Miao: "Miao."

Miao - miao miao - miao, miao miao! Miao miao miao Miao miao miao miao miao miao "Miao-Miao", miao miao, miao! Miao: "Miao! Miao miao miao, miao miao, miao miao!"

Miao miao Miao miao miao, miao miao, miao miao. Miao miao miao miao, miao, miao miao. Miao miao miao miao miao, miao miao - miao. Miao miao miao. Miao miao miao miao miao. Miao, miao miao "Miao-Miao" miao miao miao. Miao miao miao, miao miao miao.

Miao.

Mmia: "Miao miao!"

Miao-Miao: "Miao miao miao!"

Miao: "Mi…a…o…"

Miao-Miao: "Mi-a-o?"

Miao: "Miao."

Miao-Miao: "Miao miao miao miao. Miao miao, miao miao… miao! Miao miao?"

Miao: "Maio miao. Miao miao miao miao! Miao miao Miao miao miao miao!!!"

Miao-Miao; "Miao. Miao miao miao. Miao!"

Miao miao miao. Miao miao miao. Miao miao miao, miao miao miao miao… miao miao miao.

Miao miao miao, miao, miao miao, - miao - miao miao miao. Miao miao miao miao: miao, miao. Miao miao. Miao, miao, miao miao "Miao" miao "Miao-Miao". Miao miao miao. Miao miao miao. Miao miao miao. Miao miao miao, miao miao miao miao… miao miao miao.

Miao miao miao, miao, miao miao, - miao - miao miao miao. Miao miao miao miao: miao, miao. Miao miao. Miao, miao, miao miao "Miao" miao "Miao-Miao". Miao miao miao. Miao miao miao, miao miao miao miao… miao miao miao. Miao miao miao, miao - miao miao miao - miao miao miao. Miao miao miao miao: miao, miao. Miao miao. Miao, miao, miao miao "Miao" miao "Mmiao". Miao miao miao. Miao miao miao, miao miao miao miao, miao, miao miao miao Mmiao.

Miao miao miao. Miao miao miao, miao miao miao miao… miao miao miao. Miao miao miao Miao miao miao. Miao miao miao, miao miao miao miao… miao miao miao. Miao miao miao, miao miao miao miao… miao miao miao. Miao miao miao, miao - miao miao miao - miao miao miao. Miao miao miao miao: miao, miao. Miao miao.

Miao, miao, miao miao "Miao" miao "Mmiao". Miao miao miao. Miao miao miao, miao miao miao miao, miao, miao miao miao. Miao MIAO!!!

Miao miao miao. Miao miao miao, miao miao miao miao… miao miao miao. Miao miao miao Miao miao miao. Miao miao miao, miao… miao miao miao… miao miao miao. Miao miao miao miao miao miao miao, miao miao, miao miao. Miao miao miao, miao (miao miao miao miao miao miao) miao miao.

Miao miao miao. Miao miao miao, miao - miao miao miao - miao miao! Miao. Miao miao miao miao: miao, miao. Miao miao. Miao, miao, miao miao "Miao" miao "Miao-Miao". Miao miao miao. Miao mi-ao miao, miao miao miao miao… miao miao miao. Miao miao miao miao miao: miao, miao miao. Miao, miao, miao miao "Miao" miao "Miao-Miao". Miao miao miao?

Miao-Miao miao miao, miao.

Miao miao miao. Miao. Miao, miao miao. Miao miao miao, miao - miao miao miao - miao miao miao. Miao miao miao miao: miao, miao. Miao miao. Miao, miao, miao miao Miao miao miao. Miao miao miao, miao miao miao miao… miao miao miao. Miao miao miao, miao - miao miao miao - miao miao miao. Miao miao miao miao: miao, miao. Miao miao. Miao, miao, miao miao "Miao" "Miao" miao "Miao-Miao". Miao miao miao. Miao miao miao, miao miao miao miao… miao miao miao. Miao miao miao miao miao: miao, miao miao.

Mi-ao… miao miao miao. Mi-ao.
Miaaao.

Miao Miao Miao Miao Miao Miao Miao Miao Miao Miao

Miao miao miao. Miao miao miao miao miao miao miao, miao miao miao.

Miao - miao miao - miao, miao miao! Miao miao miao Miao. Miao miao Miao. Miao miao miao miao - miao miao miao - miao miao miao. Miao miao miao miao: *miao* miao miao. Miao, miao, miao miao "Miao" miao "Mmiao".

Mmiao: "Miao-Miao, miao miao miao miao miao."

Miao-Miao: "Mi? Miao?"

Mmiao; "Miao!"

Miao-Miao: "Miao miao miao, miao miao, miao! Miao, miao miao, miao, miao miao Mmiao."

Miao miao! Miao. Miao, miao, miao miao "Miao" miao "Miao-Miao". Miao miao miao. Miao miao miao, miao miao miao miao… miao miao miao. Miao miao miao, miao - miao miao miao - miao miao miao. Miao miao miao miao: miao, miao. Miao, miao, miao miao "Miao" miao "Miao-Miao". Miao miao miao. Miao miao miao, miao miao miao miao… miao miao miao. Miao miao miao, miao - miao miao

miao - miao miao miao. Miao miao miao miao: miao, miao. Miao miao. Miao, miao, miao miao "Miao" miao "Mmiao". Miao miao miao. Miao miao miao, miao miao miao miao, miao, miao miao miao Mmiao. *Miao* miao. Miao, miao, miao miao "Miao" miao "Mmiao". Miao miao miao. Miao miao miao, miao miao miao miao, miao, miao miao miao Mmiao.

Miao: "Miao-Miao miao miao Mmiao?

Mmiao "Miao-Miao miao."

Miao: "Miao-Miao miao miao miao miao…miao. Miao miao miao."

Mmiao: "Miao!"

Miao, miao, miao miao "Miao" miao "Miao-Miao". Miao miao miao. Miao miao miao, miao miao miao miao… miao miao miao. Miao miao miao, miao - miao miao miao - miao miao miao.
Miao miao miao, miao miao, miao-miao?

Miao-Miao: "Miao!!! Miao miao miao, miao miao miao miao… miao miao miao. Mmia miao miao!!

Mmiao: "Miao Miao-Miao!" Miao. Miao miao miao, miao miao miao miao… miao miao miao!"

Miao miao miao miao miao… miao! Miao, miao. Miao miao miao miao, miao miao miao - miao miao miao - miao miao miao.

MIAO! Miao miao miao miao miao… miao! Miao, miao. Miao miao miao miao, miao miao miao - miao miao miao - miao miao miao.

Miao miao miao miao. Miao miao miao miao miao. Miao miao miao miao miao, miao miao miao miao miao - miao miao - miao miao miao. Miao miao miao miao miao miao miao, miao miao miao. Mmiao, Miao-Miao miao, miao miao! Miao miao miao Miao.

Miao miao miao miao. Miao miao miao miao miao. Miao miao miao miao miao, miao miao miao miao - miao miao - miao miao miao.

Miao miao miao miao miao miao, miao miao miao.Miao miao miao miao Miao, miao. Miao miao miao miao, miao miao miao - miao miao miao - miao miao miao.

Miao miao miao miao. Miao miao miao miao miao. Miao miao miao miao miao, miao miao miao miao - miao miao - miao miao miao.

Miao miao miao miao miao miao miao, miao miao miao.
Miao - miao miao - miao, miao miao! Miao miao miao Miao. Miao miao miao. Miao miao miao. Miao miao miao, miao miao miao miao… miao miao miao.
Miao miao miao, miao, miao miao, - miao - miao miao miao. Miao miao miao miao: miao, miao. Miao miao. Miao, miao, miao miao "Miao" miao "Miao-Miao". Miao miao miao. Miao miao miao, miao miao miao miao… miao miao miao. Miao miao miao, miao - miao

miao miao - miao miao miao. Miao miao miao miao: miao, miao. Miao miao. Miao, miao, miao miao "Miao" miao "Mmiao". Miao miao miao. Miao miao miao, miao miao miao miao, miao, miao miao miao Mmiao. Miao miao miao. Miao miao miao. Miao miao miao, miao miao miao miao… miao miao miao.

Miao miao miao, miao, miao miao, - miao - miao miao miao. Miao miao miao miao: miao, miao. Miao miao. Miao, miao, miao miao "Miao" miao "Miao-Miao". Miao!

Miao: "Miao. Miao miao miao, miao miao miao miao… miao miao miao. Miao miao miao, miao."

Miao-Miao: "Mmiao… miao miao miao. Miao miao miao. Miao miao miao miao: miao, miao. Miao miao. Miao, miao, miao miao Miao miao Mmiao. Miao miao miao. Miao miao miao, miao miao miao miao, miao, miao miao miao Mmiao."

Miao miao miao. Miao miao miao. Miao miao miao, miao miao miao miao… miao miao miao.

Miao miao miao, miao, miao miao, - miao - miao miao miao. Miao miao miao miao: miao, miao. Miao miao. Miao, miao, miao miao "Miao" miao "Miao-Miao". Miao miao miao. Miao miao miao, miao miao miao miao… miao miao miao. Miao miao miao, miao - miao miao miao - miao miao miao. Miao miao miao miao: miao, miao. Miao miao. Miao, miao, miao miao "Miao" miao "Mmiao". Miao miao

miao. Miao miao miao, miao miao miao miao, miao, miao miao miao Mmiao.

Miao - miao miao - miao, miao miao! Miao miao miao Miao.

Miao miao miao Mmiao. Miaaao.

Miao

Miao miao miao. Miao miao miao miao miao miao miao, miao miao miao.

Mmiao: "Miao-Miao, miao miao miao miao miao."

Miao-Miao: "Mi? Miao?"

Miao.

Miao.

Miao.

© Copyright 2020 by M. Meow

solitary and utter responsibility of the recipient reader. Under no circumstances will any legal responsibility or blame be held against the publisher for any reparation, damages, or monetary loss due to the information herein, either directly or indirectly.

Respective authors own all copyrights not held by the publisher.

The information herein is offered for informational purposes solely, and is universal as so. The presentation of the information is without contract or any type of guarantee assurance.

The trademarks that are used are without any consent, and the publication of the trademark is without permission or backing by the trademark owner. All trademarks and brands within this book are for clarifying purposes only and are the owned by the owners themselves, not affiliated with this document